恋の魔法使いになる方法

基礎編

占い師 天海《あみ》

【はじめに】

占い師をはじめて4年目になります。今までに約３０００人の鑑定をしてきました。

私の鑑定は、生年月日からその方の性格や性質を読み取り、タロットカードとペンジュラムと言う振り子のようなものを組み合わせて行います。

恋愛相談を頂く事が多いのですが、たくさんの恋愛相談を頂く中で気づいたことがあります。

それは、実際の悩み（と思っている事）と、潜在意識の意見が食い違っているという事です。

例えば

・恋愛したい（けど、恋愛で傷つくのはもう嫌だ）
・彼氏が欲しい（けど、私を好きになる男性なんている訳がない）
・年下男性と付き合いたい（けど、もう歳だから相手にされないだろう）
・今度は浮気しない男性と付き合いたい（けど、オトコは浮気する生き物だ）

・幸せな恋愛してみたい（けど、私には不幸な恋愛しかできないのだ）
・結婚したい（けど、結婚が幸せなことだと思えない）

こんな具合に。

しかし、当の本人はその事に気が付いていません（もしくは気づかないフリをしています）。潜在意識が現実を引き寄せるとなると、どれだけ「彼氏が欲しい」「結婚したい」と行動したところで、その願いを叶えるのは難しい事なのです。

願いを叶えるためには、自分の本当の気持ちを正しく把握し、その上でどうなりたいのかを確かめる作業が必要なのですが、そのために自分で何をするべきかが分かる方はほとんどいないと思います。

この本は、まず自分の気持ちを正しく把握できるようになるためのレッスンから始め、その後に「幸せな恋愛」ができるようになり、更には、「若返るための考え方」を身に着けて頂くためのワークブックです。

幸せな恋愛をしてみたいけど、私には無理なのかもしれない（けど、本当は思いっきり幸せな恋愛を楽しみたい！）

この本を手に取り、どこかにそんな思いを持っている自分に気づいたのなら、自分の気持ちに素直になるチャンスです。

全ての女性が幸せな恋愛を楽しめますように。

占い師　天海

目次

一章

対談企画『大人の男女の魅力について』

岸田　タレント・俳優・アーティストの岸田健作です。

内藤　作家・イケメン評論家・脚本家の内藤みかです。

天海　占い師・セミナー講師・フラワーエッセンスセラピストの天海です。「イケメンさんいらっしゃい！」というラジオ番組をやらせていただいておりまして、イケメンつながりということでご紹介していただきました。

それで、「ゲストの方もイケメンがいいね」ということになりまして。（笑）

岸田　いえいえ、まさかの大抜擢です。人生の勲章です。

天海　では早速、どんなときに大人の女性に色気を感じるかを伺いたいのですが。岸田さん的にはどんな感じでしょうか？

岸田　色気って、性的な色気と人間力の色気があると思います。20歳代までは性的なものを色気と思っていましたが、この年齢になって人間的な色気も自分の中でカテゴライズされるようになってきました。今は特にそっちの方が色気と言うか女性の魅力を感じるようになりました。若いうちは「自分はこう！」というのをお互いぶつけあっていましたが、年齢を重ねていくと二人のことを考えたり相手のことを考えたときに「今は距離とろう」とか「今は自分が向かってあげよう」とか「自分が引いてあげよう」とか、それができる女性を見たときに色気と言うか「ドキッ」としますね。たぶん、包容力もあると思います。

それは20歳代のうちは見えなかった部分でしたね。20歳代のうちは胸元ばかり見ていました（笑）

天海　内藤さん的に大人の女性の魅力とか色気についてどんな風に思われますか？

内藤　私的にですか？肌が柔らかくなるらしいですね、歳を重ねると。

天海　水は弾かないけれど吸い付く感じですか？

内藤　弾かないけどたるんでくる（笑）といったら失礼ですけれど、触り心地が柔らかくないですか（笑）　それがいいと言う方もいるから、それをいいと言ってくれる人と付き合えば楽しい関係になるかもしれません。

天海　占い師的に言うと、心が柔らかい人は肌が柔らかいような気がしていて。

内藤　そうかもしれませんね。

天海　今のお話で言うと、歳を重ねるごとに肌が柔らかくなるということは人として丸みが出るということ。

内藤　カリカリしていると肩なども張り詰めて硬くなりますから、そういう意味でも硬くはなりますよね。

天海　確かに40歳を超えてくると諦めがつくと言うか、そんなに頑張らなくてもいいし、皆にいい顔をしなくてもいいし、とちょっと余裕が出てきませんか？

内藤　だいぶGoing my wayになりますよ（笑）

天海　20歳代のときに皆に好かれたくて頑張って、30歳代でちょっと諦めて、40歳代で「まぁいいっか」になって、今はすごく楽ですね。

内藤　「好きなことしかしないでいいやぁ」みたいにね。

天海　そうですね。

内藤　天海さんもある程度40歳にもなると女性も仕事のキャリアの積み重ねがあるから、『だいたいこのくらい動けばこのくらい稼げる』というものが見えてきたりして、それ以上頑張らなくなってきますね。

天海　私は占い師になったのが40歳超えてからなのでこれからなんですが。無理はせずとも何とかなるかな~とは思いますよね。

天海　さて、質問をすすめさせていただきますが、恋愛において、どんなときに相手に興味を持ちますか?

岸田　男の人って男同士には見せられない、女性にしか見せられない柔らかいもの、柔らかい心があるんです。それをずっと表に出さないで自分で歯を食いしばっていくんだけれども、やっぱりどうしても女性に見てほしいという、たぶん甘えだと思いますが。僕は男は船、女は港みたいなところがあるんです。

僕の父は職人でして、男の変なプライドがあって女性に弱いところを見せたくないとか見せないようにしたりとか、男同士でも後輩の前では格好つけたりとかするんですけど、やっぱりどこか自分が無理している部分が絶対あって、そんな自分の心の内を見てもらいたいとか聞いてもらいたいと思う対象が女性なんです。そのときに僕は女性に興味を持ちますね。

上辺の話ではなくて、会話をしているときに「この人本当に心の中を見てくれているな」と、たぶんお互いにそうだと思いますが、思う瞬間があります。「この人うわべしか見ていない」とかもありますが、本当に心の奥を見てくれてそこでお話ができたりするときにどんどんその人に興味を持ってしまいます。

ただ好かれたいと思うだけではその奥は見えてこないような気がします。

天海　確かに。

岸田　その人の背景とか、「何で今そう思っているのかな？」とか「何でそうやって悩んでいるのかな？」とかすごく背景まで知ろうとしてくれないと見えてこないと思うから、底の部分の話ができたときに「はぁ、この人のこともっと知りたいな」って惹かれていきますよね。

天海　自分に自信がなくてアプローチできない人は、相手の心を見るようにすればいいということになりますか？

岸田　僕は絶対何でもしゃべるようにしていて、例えば自分が音楽をやっていて応援してくれるファンの方もいらっしゃってSNS、今はLINEやtwitter、ブログなどを活用されますが、加工、加工で原型をとどめていないみたいな方がいらっしゃいます。

写真も言葉も全部ひっくるめて、僕は生に勝るものはないと思っています。自分の魅力を出すのにもつながるし、まずはしゃべることじゃないでしょうか。

天海　正解ですね。

岸田　何かが欲しいのなら動いて取りにいかなければと思っています。

天海　すごくそう思います。実際、「こうしたらいいよ」とお伝えしてもやらない方も多いですよね。傷つくことが怖いのだと思いますが、何事もリスクは伴いますから。

岸田　そうなんですよね。

内藤　ある年齢以下の男の子、岸田さんはたぶん最後の肉食系男子世代だと思いますが、岸田さん以下は急に草食系が増えます。

岸田　へー

内藤　世代的にね。それからしたって草食系はまず自分から動かないんです。勇気がない男の子が多いから。

内藤　だから、年下の男の子を好きになる年上の女性だと皆「彼が言ってこない、言ってこない」と言いますが、それはもう世代が違うから恋愛スタイルも違うので永遠にすれ違っているんです。ほんの一言「明日暇？」とか言えれば貴重な一歩を踏み出せるんですけど。

天海　あるホストの方の講演会のお手伝いをさせて頂いたことがあって、そのときに「誘ったくらいで嫌わなくない？」とお話しをされていました。皆「嫌われるのが嫌だから誘えない」とおっしゃるんですけど、確かに「断ることはあっても嫌わないよね」と思うんです。

岸田　そうですね。嫌な気は絶対しないはずですよね。

天海　逆に誘ったことで意識したりしますよね。

内藤　やっぱり一度の失敗すらも許せない完璧主義のような、プライドが高いんでしょうけど。打たれ弱いんですよね。

天海　私は恋愛相談を受けるが多いんですけれど、おっしゃる通り、だいたいお互いが待っていて「誘ってくれるなら行くよ」「誘ってくれないならもういい」と。「返事がないからもうしない」とか、「誘ってくれないなら私のこと好きじゃないなら他の人に行くんですけど」のようなことがずっとずっと繰り替えされているんです。

岸田　ツンデレもそうですよね。本音が言えないでツンとしてしまうという。そういう女性が増えている中で、僕はツンデレが苦手で。僕はホームレスの経験があるんです。そのときに、自分が待っていたりツンとしていたら死んじゃうという状況だったんです。

天海　命の危機。（笑）

岸田　「すみません。ちょっと食べ物もらえませんか？」などと自分から取りに行かないと自分が本当に死んじゃうという状況に立ったことがあるから、本音を伝えないで自分の思い通りになるなんて「無いよ」と思うんです（笑）

僕はホームレスの経験で恋愛だけでなくいろいろなことの価値観が変わったんですけど、自分から行かないとなかなか思い通りにならないと思いました。

天海　誘えなくても好き感位は出さないと。特に今の人たちは石橋を叩いて叩いて本当に大丈夫と思わないと誘わない傾向にあるように思います。。

内藤　恥ずかしくて目も合わせられないという人、結構多いのでせめて目線ぐらい交わせれば

「どうも」ということになるじゃないですか。

天海　男の人の方が基本的に優しいですからね。

内藤　すごく緊張するのはもったいない。ニコニコしている女は愛嬌と言うじゃないですか。

天海　本当に笑っているだけでいいんですからね。

鑑定でも気になる相手から「どうしたらメールが来ますか？」というので教えてあげて、次に「返事が来たんですが何て返したらいいですか？」と。そのずっと繰り返し。

内藤　すごく儲かりますよね、占い師さんはね（笑）

天海　毎回それだと、心が折れちゃうんですよ。私は、できれは自分の判断で行動できるようになって欲しいと思っちゃう方なので。最終的に「打ってください」という方もいらっしゃるし。

岸田　いるんですか？（笑）

内藤　メールを代わりに打つの？

天海　そうです、そうです。私は「とりあえず自分でやりなさい」と言っています。占い師をビジネスと考えるなら失格かも知れませんが（笑）

内藤　いやいや、それが本当ですよね。

岸田　でも、たぶんですが、恋愛においても仕事においても全部そうだと思うんですが、モテてる人とか輝いている人や仕事で成功している人など誰もが羨むような位置の人たちって、それなりのものすごい努力があったからそこにいると思うんです。

だから、それが生まれ持っての天性とかと思っているから「自分はあの人と違うし」という気持ちがあるのかもしれないけど、仕事の成功だって綺麗になることとかイケメンになることだって皆同じようなところから頑張って凄い努力があってそこに居るわけですね。

『残念イケメン』みたいな人もいますよね。

僕はこの間知った言葉なんですけど、生まれ持った外見はいいんだろうけれども何か残念で全くモテない人がいるんです。やっぱり、内から出てくるものなんですよね、魅力って。

そこを勘違いしないで欲しいなと思います。

天海　占い師をやっていてわかりますが、運気が良すぎる人の中には努力をしなくともそこそこ上手くいってしまうので中途半端に終わる方がいますが、そうでない方の中にはストイックに頑張ってすごく伸びる人がいます。そういう人は人の気持ちもわかると思うんですよね。謙虚と言うか。

見た目が良過ぎて何もせずにモテてきしまった人も同じで、努力するタイミングがなかったことが要因だと思います。そういう意味で言うと、どこかで気づいて挫折して、それをきっかけに「頑張ろう！」と思えるかどうかが境目で、そこで人としての魅力が違ってくるように思います。

岸田　そう思いますね。男性、女性の魅力の部分でプチ整形が流行っていて、それも努力だと思うしお金もかかることで簡単ではないと思いますが、僕にとって魅力は中身の部分なんです。努力しないでつかんだ魅力ってたぶん不安になってくるのではないかなと思います。

天海　実際そうですよね。年を取ることが不安で整形ばかり繰り返す方もいらっしゃるそうです。・・・とはいえ見た目はいい方がいいですか？

岸田　正直、外見は最初に見える情報ですし、やっぱりいい方がというのは絶対的だと思います。でも、そこが全てで外見を追っていたら出口がないと思います。外見は誰でも年齢を重ねれば劣化していくものですし、外見を追い続けている人とは深い関係にならないと思うんです。「他にいい外見の人がいたらそっち言っちゃうんでしょ」ということですから。

天海　確かに、それはあるかもしれないです。

顔の造りというよりは、綺麗でいようという努力があって、清潔感があって。あとは、年齢を重ねていくと顔に中身が出ませんか？嫌なことを考えていると眉間に皺が寄って、どんなに綺麗でも…ということがあると思います。雰囲気はどうですか？雰囲気を外見として捉えたとき。

岸田　それはさっきのように中から滲み出るものがあると思います。形ではなく発するオーラを圧倒的に感じます。ない人はいくら外見がよくても僕はあまり惹かれませんね。

内藤　イケメンさんであればあるほど「あまり顔は関係ない」とおっしゃるんです。綺麗なものを見慣れ過ぎているし超えちゃっているんでしょうね。

高須クリニックの院長先生は、恋人の漫画家の西原理恵子さんは整形をさせないそうです。そのままの姿が美しいからとインタビューか何かでおっしゃっていたのを読みましたが、「いい言葉だな」「いいカップルだな」と思って。最近、西原さんが「ダーリンは70歳」という本を出されたんですが読まなければと思って（笑）高須先生は70歳なんですよ。

岸田 天海　そうなんですか。

内藤　大勢の整形美女を造ってこられたかたが「顔じゃない」とおっしゃるんです。ありのままがいいみたいな。ありのままっていいですよね。

岸田　素に近ければ近いほどドキッとします。自分にそういうところを見せてくれたという喜びがあるからでしょうね。

内藤　本当、イケメンさんであればあるほどスッピンがいいと言いますね。そういう仮説が本当だったなと今お話を伺って思いました（笑）

岸田　自分のファンの子で20歳くらいの子なんですが、もともと彼氏がいたんですがその彼氏が「俺と会うときは常に化粧をしていろ」と言われていたと聞きましたが、寝るときもですよ。

内藤　それは大変だ。

岸田　「ありえないでしょ」って言いました。「そういう男の人もいるんだぁ」と言いましたが、僕は信じられなかったです。

天海　私は嫌ですね。逆に冷める瞬間はありますか？

内藤　どうだろう。いろいろ他の女性に目がいっていると「イヤ」と思っちゃいます。それが連続してあると「まぁ、いっかぁ」と。私は年上だから、年下に目がいっていたら「じゃ、幸せにね」となっちゃいますね。

天海　なるほど。岸田さんはどうですか？

岸田　相手の気持ちを考えないで自己主張を押し付けられまくるのは…。ちょっと細かいですが、例えばLINEが来て、僕も既読を付けて、すぐに返信できなかったことに対して、またすぐLINEを送ってくる感じとか。

内藤　「返事は？」みたいな感じ？

岸田　電話だったら、一度着信があって出られないことがあって、待たずにまた電話がかかってくる感じがダメなんです。電話に出られない状況があるわけだし、返事ができない状況なわけで、急かされている感じが「そっち都合だよね」って思うんです。そういうのが立て続けにあると。応答できない理由があることを考えてほしいなと思うんです。

天海　ただ仕事で忙しいだけなのに「私のこと嫌いなんだ」になって、勝手に自滅していく人がいますが。

内藤　「私と仕事、どっちが大事？」って必ず聞きますね。

岸田　僕は長いこと彼女がいませんが、僕は仕事が大好きなんです。それが理由で彼女を放っておいてしまったり会いたいと思うときに会えなかったり、というのは今なら絶対にあるなと思っていて、だから彼女ができないんです。

　秤にかけるものではないからこそ、そのバランスがとれるようでないと本当のイケメンではないだろうなと思います。秤にかけられないから一つだけでいっぱいいっぱいになっちゃいます。

天海　内藤さんは相手を選ぶときはどんな基準で選ぶんですか？

内藤　顔ですね（笑）あと、健気なところ。

天海　顔がよくて健気？
内藤　そうそう。あと料理が上手だったらもっと嬉しいです。嫁っぽい感じで。私が働く女なので。
天海　でも素直に言えるのはいいですね。好きなものを好きと言えない人がすごく多くて、私は「イケメン好き」と言っていたら2chで叩かれたこともありましたが。でも羨ましいから叩くのかなと思っていて、素直に「イケメンで健気な子が好きで料理が上手で」と言えるのはすごく魅力的だなと思います。
内藤　そうですね。嘘ついても仕方ないですからね。
天海　そうなれない人が多いなと思うから。でもここまで言われちゃうと男の人ってどうなんですか？天真爛漫に「イケメンで健気でお料理が上手で」と言われると可愛らしい感じがしませんか？
岸田　（笑）　僕が「可愛い」と言うのは失礼かもしれないですけど、そう感じますよね。
天海　女性としての可愛らしさ？

岸田　関係したときにガードが全くない感じ、素直に話していただけるので、がしますよね。だからこっちも全くガードなく関係が保てるなと思います。それを変に隠したりすると何かあったとき「何か腹の内があるのかな？」と勘ぐっちゃいますね。

内藤　結局、自分に譲れない部分というものがありますよね。「どうしてもこのタイプがいい」という。顔は関係ないと思っていろいろな顔の人と付き合いましたが無理だったので「もうしょうがないなぁ」と思って（笑）ここが譲れないという部分はしょうがないです。

天海　それはありますよね。

内藤　人間、自分が何を譲れないかを知るのは大事ですよね。

岸田　確かに。

天海　分かっていない方も意外と多いですからね。

内藤　岸田さんの場合は、しつこく問い合わせるのはダメだから（笑）

天海　24時間待つ（笑）

天海　では、話題を変えますが、魅力的に思えない人ってどんな人ですか？ちょっと難しいですが。

内藤　「俺なんて…」「俺なんて…」とどんなにイケメンでも下げてばっかりいる人は苦手ですね。励ましてばっかりいなくちゃならない。

天海　落ち込むのはいいんですけど、励まして元気になってくれないとちょっと困りますね。年を重ねてくると面倒臭い恋愛はできなくなりませんか？

内藤　「まぁ、いいっか」と思っちゃいます。
若ければ若いほど「私は彼しかいないから」となっちゃうんですよ。

天海　18、19歳くらいで「こんなに好きになった人いないんです」と来られても「いや、まだ出てくるって」って言いたくなります。

内藤　そうそうそうそう。若いころほど思いつめるんですよ。

天海　確かにそうですよね。

内藤　「こんなダメ男に」って感じですね。「次行こう、次」って。

天海　確かに。

内藤　ダメな人は変わらないじゃないですか。
天海岸田　変わらないですね。
内藤　だったら、最初から悪いところがない人に行ったほうがいいですね。
天海　そう思います。魅力的に思えない人、岸田さんどうですか？
岸田　話が重なるかもしれないですが、外見を追い続ける人。魅力って中身にあると思っているタイプなんで、そこを追いかけまくられても魅力に感じないですね。
内藤　デートしていてトイレに入って長い人は嫌ですか？
岸田　いや、そういうのはいいんです。女性としての魅力が外見だと思っている人。女性の魅力はそこじゃないと思うので、外ばっかり追わなくてもいいんじゃないかなということです。
天海　あと、暗い人はちょっと嫌ですね。
岸田　でも暗い人は多いですよね、外見を追う人に。
天海　そうなんですか？
岸田　自信がないからそうしてなければと考えるんでしょうね。暗いのとは少し違うかもしれませんが、その傾向にあると思います。

天海　自信のない人にはあまり魅力を感じませんか？

岸田　先ほどの話のように「そんなことないよ」と話していくうちに心を開いてくれればいいですが、いくら話をしても変わってくれないと「どうしたらいい？」ってなりますね。

内藤　閉ざしてちゃんと鍵を開けてくれないから。

天海　閉ざされちゃうというのはそうかもしれませんね。最初から壁があるとか。

内藤　そうそう。それで終わっちゃいますね。

天海　そういえば内藤さんは、理想のお相手とご結婚されたんですよね？

内藤　『東大出のイケメンと結婚したい』と思っていたら本当に結婚しちゃったんです。

天海　それはすごい（笑）「こんな人と結婚したい」と心から思っていたからですかね。引き寄せと言うやつですね。

内藤　東大出のハンサムが目の前に来たら、私は勝手に運命と思っちゃったんでね（笑）それで猛アタックを始めたので。猛アタックのきっかけにはなりますから。ある意味後押しになりますよね。「来たよ！運命の人」と思えば「よっしゃ」と思えるから。

天海　内藤さんの猛アタックはどんな感じですか？

内藤　「カッコいいね」「カッコいいね」「カッコいいね」と言っていました（笑）

天海岸田　あははは

天海　シンプルですね。

内藤　頭のことは置いておいて、とりあえずカッコよかったので、横にいて「カッコいいね」「カッコいいね」「カッコいいね」と。煩いですかね（笑）

天海　それで結婚できたんですか？

内藤　そうしたらその人には彼女がいたんですけれども「別れた！」と言ってきて、その日から乗り込んで来ましたね。

天海　えーすごい。

内藤　離婚しちゃったんですけどね、息子をいただいたんで「もういいや」と思って。

天海　悩んでいる方で「昔の彼氏を忘れられない」とか「他に好きな人ができない」とか多い

んですが、内藤さんはそういうパターンはないですか？

内藤　心のお部屋にはスペースに限りがあるので、前の人で満ちていたら新しい男が入らないからちゃんとお掃除をして追い出します（笑）

天海　そのお掃除の仕方は具体的に何かありますか？

内藤　前の彼に向けてお手紙を書いて、「ありがとう、いろいろとありがとうございました」「あれは美味しゅうございました」「これも美味しゅうございました」と言って「さようなら」と最後に書いて。もちろん、送りませんよ。

天海　あっ、ビックリした。

内藤　そのあと燃やすか何かします。そうして心の整理をつけると心の中が綺麗になります。そうすると他の人が「トン、トン」と来るんです。

天海　確かに、書き出すと整理されたりしますよね。

内藤　他の人がいたら入って来ないじゃないですか。

岸田　そうですね。

内藤　とりあえず追い出さなければなりません。

天海　この人は一生の相手かもしれない！と思う瞬間と言えば、内藤さん的にはイケメンの東大生が目の前に現れた時ですかね？

内藤　今は慶応卒がいいなぁとちょっと変えました、ジャンルを（笑）

岸田　だいぶ変わりましたね（笑）

天海　あの軽やかさはいいですよね。

内藤　カッコいいんですよね。ビジネスも強いし。

天海　確かに。柔軟性もありますしね。岸田さん的にはどうですか？

岸田　結婚したいと思う相手ということですか？結婚の経験がないし、一瞬で感じるという一目惚れが今までの人生でないんです。「たぶんこうかなぁ」と思う「たぶん」でしかないんですけど、外見や年収など目に見える情報ではないものって接していくうちに見えてくる部分がいっぱいありますよね。心の部分ですけど。価値観だと思いますが、それがいっぱい集まってきたときに「あっ、この人と結婚したいな」「一緒にずっといたいな」とたぶん思えるんじゃないかなと思います。

天海　積み重ねと言うか？

岸田　そうですね。それが叶ったことがないんですが、思える瞬間ってたぶんその人とずっと長く付き合いがあった中で決まるというイメージがあります。

天海　正しいかもしれませんね。

内藤　うん

天海　その場で結婚してしまう人もいるわけですからね。

岸田　勢いでっていう方もいますからね。

天海　いい女になるためのアドバイスをいただけますか？

内藤　それ、岸田さんにお聞きしたいです。顔だけを追い求めるじゃなかったら女は何を追い求めたらいいんだろう、どの辺を頑張ればいいのかを。

岸田　いい女って誰に向けたものなのか？

内藤　愛する男性にとってのいい女ですよね。

天海　まぁ、岸田さんの感じていることで。

岸田　僕は、一番最初に言ったかもしれないですが、本当に自分の心を見てくれているかどうかがいい女のジャッジポイントになりますね。

内藤　その人を知ろうと思って一生懸命話を聞くことですか？

岸田　と思います。

内藤　それ、ポイント高いかもしれませんね。爪とか塗りながら「ふぅーん」とか言われるのじゃね。

岸田　逆も然りなんですが、自分がその子のことを好きで知りたいと思うときって、やっぱり本当に親身になってその子のことをずっと見ていたり、話を聞いたりして、知ろう知ろうとしないとその子の心がわかってこないから。親身になった振りで『一回電話でちょっと長く話せばいい』と考えても相手のことをわかるわけではないので。
それくらいのことやってくれて自分に興味を持ってくれていると思うと「この人しかいない、僕には。」となりますね。

内藤　激しくメモしていますよ（笑）
天海　大丈夫ですよ。身についているから（笑）
内藤　いえいえいえ。応援するって大事ですよね。
岸田　嬉しいですね。
内藤　こういうお仕事の方は支えてくれたり励ましてくれる人を必要としていますよ！とか言って（笑）
天海　内藤さん的にいい女になるためには。何か内藤さんってさっきから素直で可愛くて、「こういう女性は最強だよな」と思っちゃうんですけど。
内藤　そんなことないですよ。
天海　どうしたら内藤さんのようにいい女になれるんでしょう？
内藤　私がいい女かはさて置き、向こうのニーズを常に把握していますね。
天海　ニーズに合わせるんですか？
内藤　そうです。お腹すいていそうだったら「何か食べる？」と言ったり、先回りになりやすいですけれども、それがウザイ人もいるだろうから程々ですね。

天海　でも女性らしい感じがしますね。

内藤　たまにやり過ぎるとウザイですよね、きっとね。

岸田　そうですかね。「可愛い」という言葉が丸々はまりますね。

内藤　ありがとうございます。嬉しいです。その言葉を家宝にします（笑）

さっきおっしゃったけど、他の人に目移りすることを不安がらせる女の人がすごく多いから、一日に一回くらいは「あなただけよ」と言ったりして安心させてあげることが秘訣だと思います。

天海　そうですね。

内藤　私は今イケメンさんの演劇のお手伝いをしていることが多いので、『男おいらん』とか。今度是非見に来てください。

いっぱいイケメンさんがいるから心配みたいだけど、「でも君が一番だよ」とちゃんと最後は持ち上げないと。

天海　意外と皆さん、自分が相手を不安にさせているとは思っていないので、それは大切なことだと思います。

　貴重なお話しを沢山聞かせて頂き、本当にありがとうございました。とっても勉強になりました。

岸田　ありがとうございました。

内藤　面白かったです。

天海　あ、岸田さん、ぜひ私のラジオに遊びに来てほしいです。後ほど、マネージャーさんに相談させてもらいますね。

岸田　あ、はい。ぜひお願いします。

二章

最強の女性の定義

このレッスンで皆さんに目指して頂くもの。

それは「歳を重ねるごとに『幸せに』『若返り』結果『モテまくる』最強の女性」です。

これって、オンナの夢だと思いませんか？そして、オンナの夢であると同時に「オトコの夢」でもあると思うのです。

見た目が若く、大人の余裕と、少女のような天真爛漫さを持ち合わせた女性・・・。

男性は見た目から恋に落ちることが多いと言われています。

しかし、どんなに若くて綺麗でも、内面が伴わなければすぐに飽きられてしまうものです。

出来る男性ほど、女性の内面をシビアに見ているように思います。

内面が成熟しているという面では、ある程度年齢を重ねた上での経験が必要だと思います。

その上で「幸せに若返る考え方」を身に着けることができたなら、まさに最強の女性と言うことになります。

考え方を変えるだけで、**年齢を重ねる＝経験を重ねる**と捉えることができるようになり、余裕が生まれます。

必死な女性に比べ、余裕がある女性は魅力的です。

歳を重ねることを楽しむ事ができれば、若い女性に嫉妬することもなくなりますし、例えば「女は若ければ若いほどいい」など言う、底の浅い男性の言葉に傷つくこともなくなります。

では、レッスンに入る前に、幸せに若返る考え方を手に入れるためには何が必要なのか、具体的にご紹介していきましょう。

★1 とりあえずやってみる

まず、私が占い師になったきっかけをお話しさせて頂こうと思います。

私が占いの世界に入ったきっかけは、10年ほど前にある媒体の読者企画で、マドモアゼル・愛先生に鑑定していただいたことからです。

それまで、占いは全く信じておらず、占いにも行った事すらなかったのですが、それがきっかけで占い師さんと出逢うことが多くなりました。

当時は営業職をしており、広告をいただくために占い会社の社長さんの所へ行くと、その際に「占い師に向いているからうちで働かない？」と言われ、その時は正直「怖いな」と思いお断りしました。

ですが数年後、全く違う仕事でファッションショーを観に行ったときに、たまたま隣の席に座られた方と意気投合してお話していたところ、実はその方も占い会社の社長さん！

「占い師が占い師に向いていると言ってくださるなら本当に向いているのかも」と思い、今の師匠である、暁瑠凪先生に会わせていただいたのが始まりです。

暫くの間、広告営業の仕事をしながら、自分を知るために西洋占星術とタロットの勉強をしていたのですが、リーマンショックで勤めていた会社がなくなり、仕方なく正社員という条件に惹かれ、別の会社で働き始めました。その会社では5年間ほど働きましたが、様々な部署を転々とさせられ、女上司のもと、何をしても否定される日々が続き、体のいたるところに痛みを発し、最終的に体を壊して辞めることになりました。

そこで「今度は、自分らしく自由にいられる仕事をしよう！」と、占い師になる事を決めました。始めのうちは、収入も安定せずにバイトを掛け持つなど苦労しましたが、私的には、会社員時代のように安定はしていても、足を引っ張られたり、行動を制限されることがない生活が心から楽しく、のびのびと毎日を過ごしていました。

すると急に運命が動き始めたのです。

いつか出版をしようと思っていた矢先、暁先生より出版セミナーの話を頂き「これは！」と思い、即申込みをしました。

するると、そこで隣に座った方から、「女子向けの婚活学校を作ろうと思っているから、そこで先生をやってもらえないか？」とのお話しを頂き、オリジナルのコンテンツでセミナーを開催することになりました。

その時の授業内容がこのレッスンのベースになっています。

残念ながら、その方とは方向性の違いから決裂することになってしまいましたが、そこで出逢ったラジオのプロデューサーの方にお声掛けを頂き、ラジオ番組『占い師天海のイケメンさんいらっしゃい！』を始めることになりました。

そして、ある時買い物をしていると、ある女性に声を掛けられ「私の番組に出てくれない？」と、インターネットテレビのレギュラーが決まり、更には、出版まで決まったのです！

このお話しをすると驚かれるのですが、すべて嘘のような本当のお話しです。

「好きな事を仕事にする」と決めて「やってみた」時から、私の人生は、まるでわらしべ長者のように色々なチャンスが巡ってくるようになったのです。

自分の居場所が変わると、巡り合う方の質も変わります。恋愛においても言えることですが、誰に巡り合うかで人生の矛先は大きく変わります。

質の良い出逢いをするためには、とにかく「やってみる」事が大切なのです。

2 今を楽しむ方法を考えている

どうすれば年齢不詳と言われ、おばさん化しなくなるのでしょうか？

若返る考え方のひとつに、「今を楽しむ」という事が挙げられます。楽しいことをしているとあっという間に時間が過ぎますが、つまらないことをしていると長く感じることがあります。

私的には、それこそが若返るか、そうでないかの最大の分かれ道だと思っています。

例えば、時間が経つのが長く感じている人は、同じ1年を過ごしていても2年分の歳をとっていて、逆に、あっという間に感じている人は、3カ月分しか歳をとっていない。そんな感じでしょうか？

よく「歳を重ねると1年が早い」と言われますが、それとは少しニュアンスが違うかもしれません。歳を重ねて早くなる1年は、例えば、変わり映えのしない毎日を淡々と過ごしていたり、仕事が忙しすぎて、ただただ一心不乱に働いていたとしたら、それ相応の歳を重ねるのだと思います。その分かりやすい違いは、「イキイキしている」のか、「無気力に疲れている」のかではないかと思います。

綺麗に若返りを果たすためには、今この瞬間を楽しむことが重要なのです。そのためには、「楽しむ努力ができる考え方」に意識をして変える必要があります。

私は現在、何をしていても楽しいです。この本の原稿を書いている今も、その生みの苦しみも楽しいのです。ちょっと変な人と思われるかも知れませんが、例えば苦手な歯医者さんで治療をしなければいけない時は「私は痛いのが大好き！」と自分に言い聞かせながら、その瞬間を楽しんだりしています。「嫌だけどやらなければいけない」と感じながらするのと、「どうにかしてそれを楽しむ方法はないか」と考え、実際に楽しむことができると、起こる出来事も心の在り方も違ってきます。

3 自由に生きる

私はよく「自由だよね」と言われる事があります。射手座特有の気質かも知れませんが、その時に思いついた通りに行動するという点では、その通りだと思います。昔からその気質はありましたが、会社勤めを辞め、占い師になってから更に加速したように思います。シフトも自由に決められるので、「レディースデイが多いから水曜日休みにしよう」とか「天気が良いから河原でビールを飲もう」とか、普段から、あまり計画を立てて行動することはありません。自分的には普通のことですが、知らない方からすると「占い師が河原でビール!?」と、ビックリされることも多いです。自由といっても、人様に迷惑をかけたりする身勝手さではなく、どこかつかみどころがなく、天真爛漫で、素直に生きるということです。

とは言え、「自由にしていいよ」と言われると、どうしていいか分からないという人も多いのではないでしょうか?自由を手に入れるためにはまず、自分の好きなことを正しく把握していることが前提になるのですが、鑑定にいらっしゃる相談者さまの多くが「自分のしたいことが分からない」とおっしゃいます。

その原因のひとつとして、両親が厳しく「これがしたい」「あれがしたい」と言えずに育ったり、「●●ちゃんはこれが好きなのよね」と言った決めつけで、両親が全てを決める環境にあったことなどが挙げられます。

特に恋愛は、親との関わりが大きく影響していると言われています。親にしてきた関わり方と同じ、もしくは真逆の関わり方と言ったように、極端な行動をとりがちになるようです。

自分が「これがしたい」と思い「行動できる」ようになるには、大人になった今、両親との関わりについて一度正しく検証した上で、「好きなものは好きと言っていいんだよ」「やりたいことをやっていいんだよ」と、自分を許してあげるための作業が必要になってきます。

4 自分の基準のもと、日々努力する

ある婚活中の男性が言っていた事があります。「婚活パーティとか婚活サイトとかでさ、プロフィールで、ネガティブなことばかり書いている女の子って結構多いんだよね。でも、それってさ、お店に例えたら「うちのお菓子美味しくないんですけど、良かったら買ってくれませんか？」って言われているのと同じこと。選ばないよね。」と。自分への自信のなさから来る行為だと思いますが、確かに、彼の言うことも一理あると思います。

とは言え、多くの女性から「自信を持つにはどうしたらいいのでしょうか？」そんなご相談を頂く訳ですが、では、女性が自信を無くしてしまうときとは、一体どんな時でしょうか？大抵が「人と比べて、自分が劣っていると感じた時」です。同期のあの子が褒められた、後輩が私より先に結婚した・・・など、様々な場面で女性は自信を失っていくのです。

正確には「突然起こった出来事にびっくりした」という解釈が正しかったりするのですが、

そこで自信を失ってしまったり「なぜあの子が先に」と思ってしまった自分に対し、自己嫌悪をしてしまうという方も多いのです。他人と比べないといってもなかなか難しいのですが、それでも他人を基準にしている限り、ゆるぎない自信を持つことはできません。

授業の中で「あなたの自信のあることは何ですか?」と質問すると、大抵の場合、「あの人より仕事が出来る」「あの人より顔が綺麗」と言うような「あの人に勝っていること」が自信と思っているのです。

しかし、そのような自信は大変もろいものなのです。

もし私が「自信はありますか?」と聞かれたとしたら、もちろん「はい」と答えます。なぜなら、比べる対象が他人ではなく「こうありたい自分」と「自分の設定した基準」に基づいて行動しているからです。

例えば「私は、笑顔で仕事をすることを設定します」とした場合、「今日は、笑顔を褒められた。ちゃんと私の基準をクリアできた」「今日は忙しくて笑顔になる事ができなかった。ちょっと余裕がなかったな。明日は笑顔でいられるよう、今日は早めに寝てゆっくり体を休めよう」といった具合にです。

他人を基準にした目標は、流動的で不安定ですが、自分の基準であれば安定しているので、ブレることがありません。

その上で、「昨日の自分より、今日の自分が成長した」と思える日々を積み重ねることで、その自信はゆるぎないものに変わっていきます。

出来る男性こそ、自信のある女性に惹かれるものです。

5 失恋しても立ち直りが早い

こんな私も、たくさんの失恋をしています。特にある程度の年齢になってくると、「この人いいな」と思っても、結婚されている方やお相手がいらっしゃる方が多く、特に素敵な男性ほどその率が高くなってきます。

また、独身で仕事人間の男性の多くが「今は彼女を作らずに仕事に集中したい」と決めている場合も多く、その方に恋をしてしまった場合、かなりハードルが高くなります。その現実を見ずに「また振られてしまった」「私に魅力がないからいけないのだ」と自分を責め自信がなくなってしまったり、更に自分磨きに没頭したりする方も多いのです。

成長の過程で「いい子」として育ってきた方や、逆に「私なんて価値がない」と思って育ってきた方に多い反応ではあるのですが、冷静に考えれば、いい男性から売れていくのは当たり前なのです。

普段、40歳前後のイケメン男性が独身だったりすると「へんなクセでもあるのかな?」なんて噂しているでしょうに・・・と思うのです。

自分に自信を持つことが出来れば、考え方が変わり「条件が合わなかっただけ」と最終的に腑に落ちるようになるはずです。

ですがその考えに至る前に、悲しい、寂しいという気持ちをとことん感じぬく作業が必要になってきます。

ただ「条件が合わなかっただけ」と痛みに向き合わずにいると、必ずどこかでひずみとなって現れ、また同じような恋愛を繰り返すことになるのです。

そうならないために「自分なりに頑張った」と自分に優しい言葉をかけると共に、「悲しい、寂しい」と言う気持ちを解放するのです。

私でも、失恋すれば傷つきます。

そんな時は、仕事との絡みを見ながら良きタイミングを見つけて（翌朝目が腫れてしまうので）、独り大泣きをしながら、分かって欲しかった感情を全て吐き出します。そしてひとしきり感情を吐き出すと、スッキリ！

射手座だから特に立ち直りが早いのかもしれませんが、女性の場合、吹っ切れてしまえば、相手への感情を０％にすることが可能だそうです。（男性は10％位残るそうなので大変ですね。笑）

失恋して落ち込む期間をどれだけ短くできるかが、いわば「キモ」。大人の女性は、若い頃に比べて独身の男性に出逢える機会は少ない訳ですから、立ち直りを早くし、失恋した理由を正しく分析し、反省点があれば次に活かし、次の出逢いの数を出来るだけ増やして欲しいのです。

悲しい寂しいと言う気持ちを感じぬく事をせず、彼を忘れるために好きでもない相手と付き合う方も多くいらっしゃいますが、当然、好きではない訳ですから、彼といた日々が理想化され、余計忘れられなくなってしまいます。

失恋の痛手は、他の男性では癒せません。自分の心に向き合わず、安易にそこに手を出すと、いつまでたっても満たされる事もありません。もちろん、その彼のことを心から好きになることもありません。なぜなら、「思い出の彼には勝てないから」です。

6 次はどのような恋愛をしたいか「設定する」

失敗から学ぶことは必要ですし、反省してやり方を変えることも必要だと思います。よく恋愛だけは別に考えることが多いのですが、練習が必要という点では、恋愛もスポーツも勉強も同じことなのです。それは「成功するための失敗・失恋」ということなのです。

前項でも書きましたが、失恋して悲しみを感じぬき、気持ちが落ち着いたら、その失恋について検証することが非常に大切です。「なぜそのような結果になったのか？」と、同時に「この恋愛で本当はこうありたかったのに、我慢したことはなかったか？」と。

行動を変えなければ結果は変わらないのです。

いつも同じような失恋をしてしまう・・・そんな方も多く鑑定にいらっしゃいますが、次の恋愛を素晴らしいものにするためには、「失恋を冷静に分析する」というのは必要な作業だと思います。

その上で、「次はどんな恋愛をしたいのか？」を具体的に設定することができれば、同じような失恋を繰り返すという時間の無駄を省くことができるようになります。（第３章で皆さんにはワークとして取り組んで頂きます）

私が少しケチなところがあるのかも知れませんが、「失恋して傷ついて時間を使って・・・タダで起きるなんてもったいない！」と思ってしまうのですよね。「大人の女の時間は貴重なんだから！」と。（こういう事も、あくまでも「楽しむ考え方」に変換が必要なんです。笑）

ワークでは「どんな恋愛をしたいのか？」を設定すると同時に「恋愛で自分はどうありたいのか？」も設定して頂くことになります。なぜその基準が必要かというと、失恋した直後や、自分に自信がなくなった状態の時は、特に「相手に好かれたくて自分を犠牲にしやすい」からです。

例えば、私であれば「不快に思った時は、我慢せずに相手に伝える」とか「人としてダメな事をした時はダメ」など設定しています。こう宣言することで、自覚することができ、そのように行動することができやすくなるのです。条件が合わない失恋は仕方ないとしても、自分を犠牲にして無駄に傷つく失恋を繰り返さないためにも「恋愛でこうありたい」を一生懸命考え抜くことが必要です。

7 悲壮感を漂わせない

「天海先生は、私みたいに辛い経験をしたことがないから、私の気持ちなんて分からないでしょ！」「だからそんな冷たいこと言えるんですよ！」

鑑定をしていると、そのような言葉をぶつけられることがあります。もちろん誰しも、辛い経験のさなかにいる時は、周りの人が幸せに見えて「なぜ自分だけがこんなに不幸な目に遭うのだろう」と言う気持ちになることはあると思います。

それは仕方のない事ですし、そこで辛い気持ちを押し殺して無理に明るく過ごすのも、とても不自然なことだと思います。

実際に私も離婚の際はそう思っていましたし、それを周りの友達にぶつけていました。その上、自分だけが不幸だと思い込み、前を向く努力をせずに随分と長い間、やさぐれていたように思います。

その結果、当時の友達はひとりもいなくなりました。

その時に分かった事があります。

「執拗に不幸をまき散らすのは、迷惑でしかない」ということです。それを知っているからこそ、出来るだけそんな姿を見せずにいようと思いますし、私のように、友達がひとりもいなくなってしまうかも知れない相談者様のためにも、敢えて厳しい事をお伝えしたりしています。

そうなると、本人が目をつぶってきた見たくない部分までお伝えしなければならない場面も出てきます。

その言葉を聞いて、優しいことを言ってくれる先生に替える方と、言われたことを自分の中で消化し、当初と全く違う表情で幸せをつかんでくださる方の二手に分かれます。

占いはエンターテインメントだと思っていますので、「そんな事言われるために来たのではない」と言われれば、他の先生を選ぶのは当然の事です。それでも「あの時先生に言われた事で目が覚めました。」「悩みはないんですけど、先生とお話ししたくて来ました。」と言っていただけると、本当に嬉しい気持ちになります。

よく「天海先生は幸せそうでいいよね」そんなお話しを頂くことはありますが、厳密にいえば「幸せに過ごすための努力を重ねている」というのが正しいかと思います。そして、それを意識的に続けていくことで、いつしか幸せでいることが無意識のうちに身に付いたのだと思います。

私自身、学生時代のいじめに始まり、男性不信からの結婚、離婚、会社の倒産、セクハラ、パワハラからの体調不良による退職・・・本当に様々な経験をしてきました。今となっては、占い師になる前に相談者様の気持ちも分かっておく必要があって、様々な経験をしてきたのかなと思っていますし、様々な経験があるからこそ、人の痛みが分かる今の私があると思っています。

男性に悩みを打ち明けると、男性は頼られていることに存在意義を感じるものだと思いますが、毎回同じ悩みを聞かされて一向に元気になる様子がない場合、その暗さに距離をおくようになるでしょう。逆に、いつも幸せそうで悩みのなさそうな女性が実は、「大変なことを乗り越えた」と聞けば、優しさのある男性なら、思わず抱きしめたくなるのではないでしょうか？

8 自分のダメなところを人に見せる勇気をもつ

悲壮感を漂わせず、自分の弱みを見せるとはどういうことなのでしょうか？ここでいう「弱み」とは、「自分自身がダメだと思っているところ」の事。自分に自信がない人ほど、それは絶対に無理！とおっしゃいます。

授業で「人に見せられないダメなところはどこですか？」と質問をしたところ、「早起きが苦手」といった、他人からみたら「え？そんなこと？？」という回答が多く挙げられていました。とは言え、ダメなところを認めて人に頼るということは、とても勇気のいることだと思います。特に好きな男性の前では、そんなことできない！そんな方も多いのではないでしょうか。

では視点を変えてお話しをすすめましょう。

男性が女性に愛おしさを感じるのはどんな時かご存じですか？

それは、「女性の弱さやダメな部分を見た時」。

それも、自分だけに見せる弱さとなると、その思いもひとしおだそう。

自分のダメな部分、苦手な部分を見せて、男性に可愛く頼ることで、男性が喜んでくれるなら、お互いにとって素敵なことだと思いませんか？

男性に自分のダメなところを見せると言うのは、いつも自己中の男性ばかり選んでしまうという女性にとって、非常に良いことでもあるのです。なぜなら、ダメな自分を見せた時、そばに居てくれるか、離れていくかで、相手の本質を知ることができるからです。それで離れていくような相手なら、その程度の自己中オトコ。深入りして傷つく前でよかった、と喜ぶべきです。

そうでなく、助けてくれるなら、好きになる価値ありの優良オトコ。ぜひ彼との関係をすすめてみてください。

9 自分が男なら『絶対に自分と付き合いたい』と心から思っている

私はいつも、「自分が男性なら、絶対に自分と付き合いたい」と本気で思っています。それは、相手がどう思うかは別として・・・の話ですが。笑
何故かと言うと、月並みですが、自分の事を心から愛しているからです。
「先生は完璧ですよね」そんな事を言われる事がありますが、とんでもない!私も本当にダ

メなところがいっぱいあります。休みの日は朝起きてまずビールを飲んでしまいますし、計画を立てることが出来ないし、テレビを観ていたら一日過ぎてしまうこともあります（ビールを朝から飲むのが原因だったりしますが。笑）。とても不器用なので、自分で髪を巻くことも、付けまつげをする事もできません。ちょっと前まで、怖くてコンタクトレンズをすることすらできませんでした。

それでも、ダメなところ以上にある自分の良いところと、「恋愛に対して誠実である」という姿勢は、山ほどあるダメな点も、それだけでカバーできるほど魅力的だと、心から思っているのです。

見た目も綺麗で、他の人から見たら完璧なのに、過去に起きた辛い出来事が原因で自信を失ってしまったり、自分のことを好きになれないというご相談も多く頂きます。

それを解決するには、男の人に心から愛される経験が必要となるのですが、残念なことに自分を愛せない場合、相手から愛されるのもまた難しいのです。

引き寄せが流行っていますが、厳密にいえば**「最高でも自分と同レベルの人までしか引き寄**

の底から愛すしかないのです。

こないということになります。自分を心から愛してくれる男性と付き合いたければ、自分を心

せできない」のです。自分が自分を愛していないと、同じく自分を愛していない人しか寄って

★10 恋愛に振り回されない

その上で、最強な女性は恋愛に振り回されたりしません。好きな相手であれば嫌われたくないと思うのは女心ですし、彼がどうしているか気になるのは当然のことです。とは言え、そもそも恋愛は楽しむものであって、振り回されるべきものではないのです。

自分がどのような恋愛をしたいのか？自分はこの恋愛にどのように向き合っていくのか？など、自分がどうしたいか？を設定すると、恋愛に振り回される事は少なくなります。

もちろん中には、「恋愛に振り回されること」を喜びとして恋愛をされる方もいらっしゃい

ますので、一概に恋愛に振り回されないことが良いとは言えませんが、往々にして、今の女性は恋愛以外にもしなければいけない事が沢山ありますので、「恋愛で悩んで仕事が手につかない」と言う状況はやはり、美しくないように思います。

恋愛に振り回されがちな方の特徴として、「会っていない間に彼は浮気をしているかもしれない」など、悪い妄想ばかり思い浮んだりするようです。そして、勝手な妄想で、彼を試したり「私が何か悪いことしちゃった？」と何度もメールをしてみたり、勝手にキレて自爆してしまう・・・そんな方、実は非常に多いのです。

そもそも人の脳は、ネガティブに考えるようにできていますし、悪い事を思えば、それが引き寄せられてしまうのです。

そうならないために、冷静な状況判断が出来る考え方に変えていく必要があります。

まとめ（総論）

「最強の女性」になるためには、まずは、自分の気持ちを正しく感じ、その上で自由に行動することが基本。

そのためには大人になった今、両親との関わりや、過去の出来事について正しく把握し、思い出を塗り替える必要があります。

他人と比べるのではなく、自分基準の日々の努力で自信を積み上げていくと、自然と自分が好きになり、結果、幾つになっても男性に愛される自分になっていくのです。。

ちなみに、「最強の女性」の定義は、あくまでも「自分史上最強の自分」のこと。

他人基準ではなく、自分基準の最強の女性に出逢えるその日を迎えるために、レッスンに取り組んでくださいね。

【この本の使い方】

この本は、実際にセミナーで開催しているワークを、ご自宅で取り組んで頂けるようカスタマイズしたものです。自分が目を背けていた心の問題に目を向け、過去を塗り替えるという作業はなかなか勇気のいることですし、実際のセミナーでも、皆さん涙を流しながらワークに取り組んでいらっしゃいます。

その先には、「幸せな恋愛」と「若返り」という女性にとって魅力的なご褒美が待っているのですが、その過程は正直、痛みを伴うものだと思います。

そこで皆さんには、できるだけ痛みを少なく、できるだけ早くこの考え方を身に着けて頂けるよう、占い師的な視点や、スピリチュアルな視点、フラワーエッセンスなどを組み合わせて取り組んで頂きたいと思います。（詳しいすすめ方は111ページ「レッスンを効果的に進めるために」も参考にしてください）

無理にワークをすすめようとせず、やれるところから取り組んでみてください。

【レッスンのすすめ方】

☆相手を探すのを止めてみてください。
☆新月の日にワークを始めてください。（詳しくは114ページ）
☆神社にレッスンの成功をお願いしてください。（詳しくは115ページ）
☆フラワーエッセンスを活用してみてください。（詳しくは118ページ）
☆この本専用のノートを準備してください。
☆ワークの後、アフォアメーションを行ってください。
（言葉にすることで決意が固まります）
☆課題はワークの後に必ず行ってください。

三章

天海式「最強女」塾

『これを乗り越えなければ、幸せな恋愛も若返りもありません！』

若返りは出来る

レッスンを始める前に、必ずやって欲しい事があります。それは「今の自分の写真を撮っておく」ということ。なぜなら、レッスン後には必ず綺麗に若返っているからです。

隣のページの写真をご覧ください。左が、パワハラを受けていた数年前の写真、右が今の写真です。

同じ方に撮影して頂いたのですが、周りからも「右の写真の方が若い」と言われます。

実際にセミナーの生徒さんたちも、びっくりするほど若く綺麗になり「最近よくナンパされるようになりました」「これから合コンなんです」と、嬉しそうに遊びに来てくれます。

心の痛みを伴うワークではありますが、どんどん綺麗に若返ってくる自分の姿はきっと励みになるはずです。

左がパワハラを受けていた数年前の写真。右が現在の写真です。昔に比べ、目が優しくなり、伸びやかな印象になったと言われます。

天海式レッスン1　自分に向き合う

【ワーク】現状把握

何事もスタート地点をきちんと把握しなければなりません。自分に嘘をつかずに素直にすすめてくださいね。

・あなたの年齢は幾つですか？
・心から幸せな恋愛をした男性の人数
・もし、今のまま変化がないあなたの、1年後はどんな恋愛をしていると思いますか？
・同じく、10年後はどのような状況ですか？（今の年齢　　歳＋10年＝　　歳）
・今のあなたの悩みや問題点は何ですか？

（出逢い、コミュニケーション、周りの状況、性格など具体的に）

・冷静にこの現実をふまえ、現状を変えて幸せな恋愛を楽しみたいと思いますか？

アフォアメーション

「私は現状を変え、幸せな恋愛をするために自分にしっかり向き合います」

【ワーク】憧れの女性は誰ですか？

現状を把握したところで、皆さんの憧れの女性を聞いてきたいと思います。

その女性は、芸能人でも、身近な女性でも構いません。

・その憧れの女性が魅力的だと思う理由を最低20個挙げてください

皆さん、憧れの女性の魅力を十分にあげることは出来ましたか？

その魅力的だと思っている女性、その女性の魅力は、実は皆さんの中に眠っている魅力でもあるのです。びっくりしましたか？

他人を通して自分の良さを見ることで、素直に良いところを挙げることが出来るのです。ご自分の本当の魅力と聞いて、改めてどのような気持ちになりましたか？納得される人もいれば、信じられないとおっしゃる人もいるかもしれません。どちらにせよ、その魅力を持ち合わせているという自分の可能性を信じて、これからのワークに取りくんでみてくださいね。

アフォアメーション

「私は、自分の変化を楽しみます」

天海式レッスン2　親に向き合う

子供は誰しも「好かれる子供」を演じている

突然ですが、質問です。

「今の自分は本当の自分ですか?」答えは、ＮＯ。

両親や兄弟姉妹、友達や恋人から影響を受けたり、様々な経験をして今の自分が出来上がったのです。良い思い出は良いのですが、そうでない思い出は、誰しも無意識に目を背けて過ごしています。

そしてそれは、トラウマと言う形でいつまでも心の中に残り、幸せな恋愛をしたいと願う、と同時に「私にはその価値がない」「私にはどうせ無理」という思いが生まれ、結果、幸せな恋愛が出来なくなっているのです。

第2章でもお話ししましたが、特に親との関わり方と恋愛の仕方には、とても深い関係があるように思います。

成長の過程で、誰しも必ず「様々な性格の子供」を演じていると言われています。

例えば

●勉強やスポーツができる優秀な子供
●何かとトラブルを起こしたり、病気になる子供
●いつも静かで存在感のない子供
●親の愚痴を聞いてあげる子供
●明るく振る舞う子供
●親の代わりをする子供

と言った具合にです。

「優秀な子供」として育った人は、親や周りの期待を背負ってきたので、いつでも優秀でいなければならないというプレッシャーを大人になった今も持ち続けているでしょうし、「トラブルを起こす子供」として育てば、いわゆる「こじらせ女子」の要素を持ち合わせるでしょう。「存在感のない子供」として育った人は、人と距離を置くことで傷つくことを防ぐので、自分の意見を主張できません。「親の愚痴をきいてあげる子供」は、結婚に対してポジティブな感情は持たないでしょう。「明るく振る舞う子供」として育てば、周りを笑顔にするために、自分の感情を押し殺すので、自分のしたいことが分からなくなります。「親の代わりをする子供」は長男長女に多く、自分を犠牲にして「自分が何とかしなければ」と思うのです。

どうでしょう?皆さんは当てはまる「子供」はいましたか?中には、何人かの子供に当てはまる人もいらっしゃると思います。

子供の時は、頼る人は親しかいません。生きていくためには両親に好かれる必要があり、無意識に好かれるための行動をしていたのです。

「そうしていないと、愛されない」との思いも同時に芽生えているので、大人になった今でも親の前では「好かれる子供」を演じているのです。

そして、その「好かれる子供」のクセは、少なからず恋愛にも影響していると言われています。

では、本当に「好かれる子供」でいないと、愛されないのでしょうか？

それを検証するためのワークを始めていきましょう。

【ワーク】親に向き合う

親（もしくは、育ての親）は子供に対してどのような思いでいるのでしょうか？「幸せな人生を歩んで欲しい」「なるべく傷つかないように育ってほしい」「才能を伸ばしてあげたい」「人に好かれる子供になって欲しい」など、子供の幸せを願うと同時に、迷うことがあります。

それは「どうしたらそのように育ててあげられるのだろうか？」と言う事ことです。

親との関わりを正しく把握するための大前提として「親は完璧ではない」という事を理解する必要があります。

子供の頃、親との関わりで痛みを感じた出来事を、その事を理解した上で冷静に分析していきましょう。

【ワーク】

・お父さんは、あなたが生まれた時は幾つでしたか？
・お父さんは、どんなお仕事をしていましたか？また、その状況はどうでしたか？
・お父さんは、どんな性格ですか？
・お父さんは、どんな環境で育ちましたか？
・お母さんは、あなたが生まれた時は幾つでしたか？
・お母さんは、仕事をしていましたか？どのような状況でしたか？
・お母さんは、どんな性格ですか？
・お母さんは、どんな環境で育ちましたか？
・お父さんとお母さんの仲は良かったですか？それともあまり良くなかったですか？
・親との関係の中で「寂しかったこと」「悲しかったこと」「頭にきたこと」「褒めて欲しかったこと」「我慢してきたこと」「嫌だったこと」は何ですか？
・その時、親の状況はどうでしたか？

- それを知って、どのような感情になりましたか？
- それでも「私は愛されている」と思った瞬間はいつですか？
- 書き出してみて、何を思いましたか？
- （別の紙を用意してください）親への苦情を思う存分かきだしてください！

（「あなた達のせいで、私はこんなに苦労しちゃったじゃない」「どうしてくれるの？」など何でも）

アフォアメーション

※親への苦情を書いた紙をビリビリに破った後に、アフォアメーションを行ってください

「私は親を許します」

「未熟ながらも私を育ててくれた両親に感謝します」

「私は愛されています」

課題　両親へ手紙を書く

親と向き合うワークを終えて

ご両親にあてた手紙（感謝の気持ち、聞きたかったこと「なぜあの時そうしたの？」）を渡した際、ご両親の反応はいかがでしたか？（いらっしゃらない人や渡せなかった人は、その手紙を書いた上で、ご両親ならなんと答えるか「今の自分で」考えてみてください。）

きっと意外な答えが返ってきたと思います。幼いころからずっと心の奥に抱えていた「愛されてないかもしれない」と思ってしまった出来事を「そんなことしたかしら？ごめんねぇ。」と、肩透かしを食らうかも知れません。ご両親は子育てに一生懸命過ぎて、あなたに細かい配慮が出来なかったのだと思います。そもそも愛していなければ、一生懸命子育てはできないでしょう。親はあなたが幸せでいればそれだけで十分なのです。

3　天海式レッスン3　過去の恋愛

【ワーク】過去の恋愛に目を向ける

レッスン2では、親との関わりについて目を向けてきました。

恋愛が上手くいかない理由のもうひとつの大きな原因として、過去の辛かった恋愛経験から臆病になっているという事が挙げられます。「また辛い目にあったらどうしよう」という不安から、無意識に恋愛を避けてしまったり、過剰に好かれようとしてみたりと、いつもの自分とは違う行動をとり、結果上手くいかなくなったりすることが多いのです。

そこで次のワークでは、過去の恋愛に目を向けていきます。

過去の出来事を正しく把握し、その上で、自分がどのような恋愛をしたいのかを設定していきましょう。

・過去にもっとも辛かった恋愛をあげてください
・特に辛かったことは何ですか？具体的にあげてください
・その時、あなたはどんな気持ちになりましたか？
・その時彼は、どのような状況でしたか？
・なぜその出来事が起こったのか、今の自分ならどう思いますか？
・その恋愛から学んだことはありますか？

【ワーク】恋愛を設定する

・次の恋愛に一番望むことは何ですか？
・それ以外に、こんな恋愛をしたい！を具体的に書き出してください

・こんな恋愛はしたくない！を具体的に書き出してください
・これだけはされたら嫌だ！と思うことを、具体的に書き出してください
・もしされたら嫌だと思うことをされたら、あなたはどのように対応しますか？
・相手にして「こうして欲しい」という事があったら、あなたはどうしますか？

アフォアメーション

「私は、私を傷つけた●●さんを許します」
「私は、選ばれる恋愛ではなく、自分が相手を選ぶ恋愛をします」
「私は恋愛を楽しみます」

課題

辛かった自分に手紙を書く

恋愛と向き合うワークを終えて

過去の恋愛を振り返ってみると、親への接し方と似ているところがあったり、親にして欲しかったことを相手に求めていたりしていたことはありませんでしたか?また、相手に嫌われたくなくて、自分の「辛い」と言う気持ちを気づかぬふりをして付き合ってきた部分が少なくともあった事に気づいたのではないでしょうか。

相手に好かれたくてした行為は、無意識に相手からの見返りを求めてしまったり、逆に、男性から優しくされたりした際に「あなたも打算なんでしょ?」と、相手の気持ちを素直に受け取れなくなってしまうことがあります。

次からの恋愛ではそうならないように、皆さんには恋愛を「設定」してもらいました。自分の気持ちを素直に感じる練習をしていく中で、恋愛での「こうありたい」は変化してくと思いますので、いつでも上書きして構いません。自由に書き換えてみてくださいね。

【恋愛中間テスト】

皆さんには、幸せな恋愛をするための設定をしてもらいました。

ここで、恋愛初期に多いお悩みを「お題」として出してみようと思います。
皆さんがこれから幸せな恋愛をするために、少なからず起こる出来事です。

正しい答えは、ありません。

「こう考え、こう行動できたら、私は幸せな恋愛が出来る」を一生懸命考えてみてください。
「今までのあなた」と「これからのあなた」どのように考え方を変わりましたか？

Q．出逢いがありません。あなたはどうしますか？
Q．嫌いじゃないけど、正直まだ恋愛対象外の彼からのお誘い。あなたはどうしますか？
Q．気になる彼に出逢いました。あなたはどうしますか？
Q．気になる彼が実は年下だった。あなたはどうしますか？
Q．超カッコいい彼！でもモテそう。あなたはどうしますか？
Q．連絡先をゲットしたけど、彼からのラインや電話の返信が遅い。あなたはどうしますか？

Q. 彼から中々食事のお誘いがありません。あなたはどうしますか?

Q. 勇気を出して食事に誘ったのに「今は仕事が忙しい」と返事が。あなたはどうしますか?

Q. やっとこぎつけたお食事デート。あんまり盛り上がらなかった。あなたはどうしますか?

Q. 初めてのデートで体の関係を求められた。あなたはどうしますか?

4 天海式レッスン4　綺麗になる（天海式ビューティー理論）

皆さん、お疲れさまでした。心は痛かったですか?涙は溢れましたか?本当によく頑張りましたね。最後までできなかったとしても、自分を責めたりしないでください。大きな痛みをお持ちの人ほど、そこに向き合うのは辛いものです。

向き合おうと勇気を出した自分を褒め、「頑張ったね」と抱きしめてあげてください。

過去に向き合うワークが辛かった人は、綺麗になるワークから始めてみてください。1週間もすると、心の在り方が少しずつ変わってくることに気が付くはずです。

魔法の言葉と共に、このワークを続けていく中で、過去に向き合うワークに取り組んでみようかな?と思えた時がきたら、焦らずゆっくりと取り組んでみてください。

ではワークの前に、少しだけ「天海式ビューティ理論」をお話ししていきましょう。

自分自身の心と体に正直に向き合あう

自分がこうしたいと言えずに育ったり、自分が辛いと言ってはいけないという環境で育ってきた方は、それを改善するために過去に戻って『本当は辛かったんだよ』『本当は悲しかったんだよ』ということを感じる練習をすることで、自分の体が何を求めているかもわかるようになります。それを素直に感じ取れるようになれば、例えば化粧品が3つあったとして自分に合う化粧品がAなのかBなのかCなのかを選ぶときに、今の私だったらBがいいということがわかるようになり、的確に欲しいものをお肌に与えてあげられるので最短で綺麗になれるというイメージができます。

これに慣れてくると、体が素直になってきます。

自分の感情に敏感になると言うことは「どうしたら自分が幸せか」をキチンと把握できるということ、自分の幸せを選択していくことは、ビューティだけでなく、相手選びでも、恋愛のすすめ方においても、今までの感情を抑えて選んできたときとは、別の結果を得ることができるようになるという事なのです。

綺麗でいることは「社会貢献」と考える

これは私の持論ですが、女性が出来るだけ綺麗でいることは、社会貢献だと思っています。

私はブログでも書いていますが、素敵な男性が好きです。ラジオ番組「占い師天海のイケメンさんいらっしゃい！」は、各界で活躍する素敵な男性を占いで丸裸にする番組なのですが、毎回ドキドキときめきますし、心から幸せなひと時です。

このような感情は、女性以上に男性の方が感じることが多いのではないでしょうか？

私が昔営業をやっていたとき、女性の中には、男性のように毎日朝早くから夜遅くまで髪を振り乱して働いて、朝はお化粧をしないで出社する女性がいました。その方は必死に仕事をされていたのだと思いますが、私はできるだけ早く帰って、朝早く起きてお化粧し、７cm以下のヒールは履かないというポリシーのもと仕事をしていました。

男性と肩を並べて働くということよりも、まずはできるだけ笑顔で綺麗でいることが女性の役割だと思ったからです。

そのようにして女性としての役割を果たした上で仕事をこなしていければ、まわりの男性も女性の前で「カッコよくありたい」と仕事を頑張るでしょうし、結果その部の売り上げも上がると思うのです。

ちなみに、できるだけ笑顔で綺麗でいることは当然お客様にも喜ばれます。

私はそのスタイルで、大抵の職場でトップセールスになることが出来ました。

それが答えなのではないでしょうか。

大前提で「美容、健康に執着しない」

とは言え、あまり見た目の美しさばかりに執着するのは怖いことではないかと思っています。

執着していることというのは、裏返せば自信がないということ。

例えば、「綺麗でいないと私は嫌われる」「年を重ねて綺麗でなくなったら私は女として扱われなくなってしまう」という恐怖や不安があって、その結果として美に執着し過ぎるのだと思います。

私は、エステも美容整形も、本人が今以上の幸せを掴み、前向きになれるのなら賛成です。

しかしそこにネガティブな思い、例えば「このしわがあるから、私は幸せではないのだ」といった間違った考え方で行うのは危険だと思います。なぜなら根本の原因はそこにはなく、何度繰り返しても不安は解消されないからです。

もっと自分のことを好きになって「自分は今の自分のままでいいのだ」という思いのもと、

その上で少しでも綺麗になろうとして美容を楽しむ、女性でいることを楽しむ気持ちが持てれば、最強です。

【ワーク】毎日唱える「魔法の言葉」6カ月共通課題のすすめ方

皆さんにはこれから6カ月間、毎日朝晩「魔法の言葉」を唱えて頂きながら、体と対話して頂きます。初めは皆さんこのワークを嫌がりますが、これだけはぜひ続けてください。そして、鏡の前で自分の目を見て言ってください。顔を洗うタイミングでいいと思います。

そうすることで、自分に愛情を持つことができ、だんだん自分が好きになってきますよ。

では、課題のすすめ方をお伝えしていきましょう。

① 化粧品はラインナップで揃える

化粧品はできるだけラインナップ揃えましょう。理由としては、「相乗効果が高いので効果が早めに出やすいこと」と「自分自身にしっかりお金をかけてあげている」と、体に理解してもらうためです。

20年ほど前、私は化粧品の訪問販売の仕事をしていました。その会社では、まるまる1カ月間、美容についての研修があったのですが、実は、その研修の初日に同じ課題を頂いたのです。その課題をクリアした人たちは、研修が終わる頃には皆分かりやすく綺麗になっていました。中にはお年を召した方もいらっしゃいましたが、綺麗になった自分を実感し、とても嬉しそうでしたし、質問を積極的にするなど、性格まで明るくなっていたのでした。

効果が出ると、「もっと頑張ろう」という気持ちになると思います。最低でも1か月続けてみてください。

② コットンは使わず手でなじませる

自分の感情を正しく感じる練習をしてきましたが、指先を使ってお手入れをすることで、お肌が何を求めているのかも感じることができるようになります。コットンを使った方が良いと言うご意見もあるとは思いますが、今回は、あくまで自分のお肌が求めている事を感じる練習です。

敏感な指先をつかって、お肌の声を敏感に感じとることができればまた、最短で綺麗に近づけるのです。

顔全体、額、目元、口元、頬・・・対話するように指先でお手入れをしていくと、『今日は目元がちょっと乾いているな。じゃあ目元をもっと保湿してあげよう』と思えたり、『ザラついているな』と思ったら『何でザラついているのかな』とか『今の化粧品じゃない方がいいのかな』などお肌の求めているものを感じることができるようになります。

③　肌荒れや吹き出物には「ありがとう」と伝えることで改善する

皆さんは相手に何かを伝えたいとき、どうしますか?分かって欲しくて、言葉で伝えたり態度で表したりしますよね。

それは肌荒れも同じこと。体に関する何かを伝えたくて吹き出物や肌荒れとして教えてくれているのです。

せっかく伝えてくれているのに『吹き出物が出てきて嫌だな』と思うのは失礼だし、物事をネガティブに捉えるとストレスの原因になり、綺麗になることを遠ざけることになります。『ちょっとこの美容液つけすぎですよ』といった軽めの事から、『これ以上無理したら体壊しちゃうよ！』といった、健康に関する事まで、吹き出物や肌荒れと言った形で知らせてくれています。

そういう意味で、『知らせてくれたんだね、ありがとう』と言って『何故これが出てきたのかな？』を考え抜いて、生活を改善することが大事だと思います。

④　お手入れは「やらないよりはマシ」と考える

簡単に幸せになれる方法があります。幸せになりたければハードルを下げるのです。

例えば、１００点を取らなければいけないと思っている人は１００点を取れるまで幸せになれませんが、それを今の実力を考え『この前50点だったから、次は60点を目指そう』と考えれば達成できる可能性が増えます。

それと同じように、６カ月間の共通課題として行って頂く『魔法の言葉』も、『これを毎日やらなければいけない』と思うとそれがストレスになって『あー、できなかった』と思うことがまたストレスになります。

そうではなく、『今日はできなかったけれど、今まで5日間続けた私が偉い』『毎日忙しく過ごしているのに、ここまでやった自分は偉いね』と、出来なかった事ではなく、出来たことに目を向ける練習が重要です。

今までは毎日鏡を見て『可愛いね』と言ったこともなかった自分が、それを自分のために言おう！と決め、言い始めたことをまず褒めることで幸せを感じられるのです。

⑤　メイクは薄く、時間は長く

私は年々化粧が薄くなっています。その代りメイクには時間を掛けます。ベースの下地を丁寧にお肌になじませ、丁寧にお粉をはたきます。そこから、ゆっくり眉を書き、ビューラーでまつ毛をあげ、仕上げていきます。

以前化粧品の訪問販売の仕事をしていた時に、「時間がなくてちゃんと化粧が出来ない」と言うお客様に、こうお伝えしていました。

「3秒で書く口紅と30秒で書く口紅は、どちらが綺麗に仕上がると思いますか?」

「30秒、ないですかね?」と。

生徒さんや相談者様にも言われるのですが、昔から結構スパルタです。笑

例えば、化粧をする時間が5分しかないのであれば、たくさんの工程を慌ててこなすより、シンプルな工程を丁寧に仕上げた方が綺麗に仕上がると思います。それに、自分に丁寧に接することで、自分を愛おしく思うことができ、シンプルなメイクでも「こんなに丁寧に仕上げたから私は綺麗」という自信が出てきます。

アファメーション

☆毎日朝晩、鏡の中の自分の目を見て唱えましょう

〇**「私は、私に生まれた事に感謝します」**

〇**「私は、私に生まれて幸せです」**

〇**「私は、私に生まれて最高にツイています」**

〇**「私は、私が大好きです」**

〇**「私は、超可愛い女性です」**

＜注意点＞★もし、すべてできなかったとしても、自分を責めない

（例）毎日忙しく過ごしているのに、ここまでやった私は偉い！

★吹き出物や、シミ・しわなど発見しても「ありがとう」

課題

自分の好きなところ１００個書く

四章

天海式モテ理論10箇条

この通りに行動すれば、自然とモテ体質に変わります

一、モテる人とつるむ

モテる人がなぜモテるか。それは「モテるから」と言う回答になります。

モテない人同士でモテる方法をいくら話しても、その答えは出てくることはありません。

魅力的な人たちと仲良くなり一緒に過ごす事で、自然とモテる方法が身についていきますよ。

二、自分をめっちゃ愛する

しつこいようですが、心から愛されたいのなら、心から自分を愛するしかありません。

もしまだ自分を愛せていない部分があるようなら、レッスン4「綺麗になる」の課題（自分のいいところ100個書く）を、引き続き続けてきてください。

自分へのハードルを下げて、悪いところではなく、良いところに目を向け甘やかすことも大事ですよ。

三、イケメンは自分でつくる

私の周りには、イケメンがたくさんいます。

見た目が良いという事だけではなく、中身のイケメンも含めてという事です。

実は、イケメンを増やす簡単な方法があります。それは「相手の良いところと探す」ということ。良いところに目を向ける努力をすると、意外な発見をすることが多くなります。

イケメンに囲まれていれば、心身ともに幸せになりますよ。

四、相手に興味をもつ

相手の良いところと探していると、自然と相手に興味が湧いてきます。

興味を持てば、自然と会話は盛り上がります。

よく「コミュニケーションが苦手で、会話が続かないんです」と言うお話しを聞きますが、「会話をする」ことを目的とせず、「興味をもつ」ことをこころがければ、自然とお話しも続いていきますよ。

五、ハグできる男友達を作る

女性は寂しい時もあります。誰かに抱きしめられたい…そんな時、私は信頼できる男友達にハグしてもらいます。ただそうしてもらえるだけで、不思議な位落ち着いたりするものです。自分で増やしたイケメンたちに素直に甘えさせてもらって、気持ちを落ち着けましょう。

まだそんな男友達がいないかも・・・そんな時は、女友達でもＯＫですよ。

六、年下にも敬語を使う

私は、男性にも女性にもですが、基本的に敬語を使います。始めはとっつきにくい印象を与えるようですが、私自身、はじめから押してくる方が苦手なこともあり、距離感を保ちながら、ゆっくり仲良くなれるというメリットがあります。また、もう一つの理由としては「女子としてみられやすい」という事があります。

最初からため口でアネゴ感を出し過ぎると、「お姉さま」扱いされるので要注意です。

七、リアクションは1．5倍を心がける

あなたは、自分の笑顔を鏡に映したことはありますか？すると、思いのほか「笑顔じゃない」ことに気づいたりします。自分は「笑顔（のつもり）だし、楽しい（と思っている）」のに、相手に伝わる時は「無表情で楽しくないのかな？」と知らぬ間に伝わっている事もあるのです。

「どう伝えたか」ではなく「どう伝わるか」が、大切。

特に、初対面の時などは、少し大袈裟かな？と言う位のリアクションを心がけましょう。（天海式「オトコが喜ぶさしすせそ」をぜひ活用してみてください。Ｐ１１０ページ）

八、おしゃれを頑張り過ぎない

普段からオシャレを楽しむ事は大切ですが、あまり頑張り過ぎると、本来の自然な自分でいられなくなります。それが初めて出逢った日であれば、「あの時位頑張らなくちゃ」と、無理をしやすくなってしまいます。

まずは、自然に近いおしゃれで、自分らしくいることを第一優先にしていきましょう。

九、駆け引きはしない

駆け引きしたら、されるもの。たとえ、駆け引きが上手くいき恋愛関係になれたとしても、いつか必ずひずみが生まれます。

駆け引きというものは、相手は気づくもの。男性の心をつかむには、自分が正直でいるしかなく、純粋にいるのが一番効果的です。

好きというストレートな想いが、相手の心を動かすものです。

十、本当の「モテる」の意味を知る

私が思う「モテる人」とは、ただチヤホヤされるのではなく、男女問わず「また会いたい」と思われる人のこと。

男性に「好き❤」と思われるためには、まずは、人としてモテるのが近道ですよ。

ちなみにモテ10箇条は、女性に対してもとても有効です。ぜひ試してみてくださいね。

当てはまったら要注意！今日一日を振り返る、幸せな恋愛の邪魔をする 10 の行動

①人の悪口を言いませんでしたか？

②人のせいにしませんでしたか？

③被害妄想的な考え方をしませんでしたか？

④「どうせわたしなんて」と口にしませんでしたか？

⑤褒められて「そんな事ないです」と返しませんでしたか？

⑥好きな相手の恋愛を「上手くいかないでほしい」と思ったりしませんでしたか？

⑦誰かに嫉妬しませんでしたか？

⑧自分と誰かと比べて落ち込みませんでしたか？

⑨「ついてない」と口にしませんでしたか？

⑩私が我慢すればいいと思いませんでしたか？

一つでもできた私は偉い！今日一日を振り返る、幸せな恋愛を手に入れる 10 の行動

①人のいいところを見つけてほめることができた

②人と比べずに、自分の基準で頑張れた

③「ありがとう」と素直に言えた

④笑顔で人とお話しできた

⑤困っている人に手を差し伸べられた

⑥他人の幸せを心から願う自分に気づいた

⑦明日できることを今日しなかった（頑張り過ぎるクセを治そうと思えた）

⑧素直に人に甘えられた

⑨他人より自分に優しくできた

⑩今日一日、ひとつでも楽しいと思えたことがあった

天海式オトコが喜ぶ魔法の言葉

「さしすせそ」

さ・・・最高です！

し・・・仕事早いですね！

す・・・素晴らしい！

せ・・・世界観変わっちゃったかも！

そ・・・尊敬します！

リアクションを 1.5 倍にするだけで、魔法の言葉に変わります。

これをマスターすれば、恋の魔法使いレベルアップ

五章

レッスンを効果的にすすめるために

1 出逢いの時期

出逢いがない、出逢いの場に行っているのに、ピンとくる人がいない。

そんな時は「出逢いの時期じゃない」のかも知れません。

そもそも、女性が「彼氏が欲しい」とか「結婚したい」と思うのはどんな時だと思いますか？

多くの理由が「運気が停滞している時」。

思い当たる節はあると思いませんか？

引き寄せの法則で言えば、運気が停滞している時に出逢うお相手は「最高でも自分と同じレベル」。となると、中々ピンとくるお相手に出逢うのは難しいかも知れません。

出逢いがあったとしても「私にはこの位の男性しか出逢えないんだ」と、勝手に誤解をしって、落ち込んでしまうことも多いのです。

また、その時は「運命の人かも」と思ったとしても、絶好調な自分に戻った時「この人でいいのかな？」と思う事があるかもしれません。

誰しも運気の良い時と停滞する時が交互にやってきます。

「なんか上手くいかないな」というそんな時、まずはお相手探しを一旦お休みして、次のチャンスをきちんと掴めるよう、自分を満たす事を最優先にし、同時にレッスンに励んでみてください。

2 レッスンを始める日にこだわる

レッスンを始める日にちを選んで欲しいと思っています。

それは、新月の日。新月は事始めによいと言われていますし、特に女性は月の影響を受けやすいと言われています。

新月の日に何かを始めると、長く続けられたり、今後の展開に良き影響を与えると言われており、私自身も事始めには、なるべく新月に行うようにしています。

「いつ何を始めるか」はとっても大切なのです。

3 神社の神様からの伝言

「苦しい時の神頼み」と言いますが、今回のレッスンが上手くいき、幸せな恋愛を手に入れるために、神社の神様にお願いするのもおススメです。

先日、仲の良い霊感の先生から面白いお話しを聞きました。それは、「神社の神様に話しかけられた話」。

ある日、彼女が神社に行くと神社の神様に話かけられたそうです。「物事には段階ってものがあるのよね。宝くじで1億円があたりますようにって無理じゃん。」（私がその話を聞いて、こんな話し方をしそうな神様だなぁと思ったので、この感じですすめますね。笑）

「いきなり無理なお願いされると後回しになっちゃうよね。逆に、叶いそうなお願いからしてくれたら、優先的に叶えるお手伝いするのにね。」と。

「後はやっぱり、見た目大事よね。助けてあげたい！って思っちゃう。」

「あとはさ、その場でかなえられるお願いならいいけど、そうじゃない事多いじゃん。住所言ってもらわないと、叶えてあげたいと思っても無理なんだよね。」

この話を聞いて、試してみたいな~と思った矢先、なんと目の前に神社が。

早速お願いをしてみると・・・なんとその日のうちに願いがかなったのです！この日こそ、ただ買い物をしていたら、インターネットテレビへのレギュラー出演と出版が決まった日だったのです。

ちなみに私がお願いしたのは「次のラジオの収録までに、出版が決まりますように」というもの。実はその時、他の出版社さんでの企画が通っていたのですが、ペンディングしていたことと、書きたい内容とちょっとずれてしまっていたので、どうしたものかと悩んでいた時だったのです。

全く予測もしていなかった形で出版が決まり、しかも書きたい本が書けるようになるなんて、こんなに分かりやすく私の願いを叶えてくれたのは、きっと神社の神様が、たくさんの人にこのことを伝えてほしいと思っているのではないかと感じたので、ここにお伝えいたします。

神社の神様からの伝言

●できるだけ身なりをきれいに清潔に
●自分の住所は必ず伝える
●物事には順序があるので、叶えやすいお願いから

お願いを叶えてもらったら、必ずお礼を伝えることも忘れずに。

4 フラワーエッセンスの力を借りる

皆さん、フラワーエッセンスってご存知ですか？

簡単に言うと、フラワーエッセンスは、花や植物が波動を水に転写した液体です。エッセンシャルオイルやハーブ製品と違い、植物の抽出成分などの物質的なものは含まれていませんので、副作用や習慣性はありません。植物療法の一種で、生活に取り入れることで、主に精神面に作用し、自分本来の自然な心と体を取り戻すためのお手伝いをしてくれると言われています。

自分でも分かっている心のクセも、自分の力だけで変えることは中々難しいものです。

このレッスンをより有効なものにするために、私が実際に使って試したフラワーエッセンスを幾つかご紹介していきましょう。

【初心者におススメ】レッスンに取り組む勇気を身に着けるためのフラワーエッセンス

☆おススメ『NO．1』ハートスピリット

私がとりあえず一番最初にお勧めしたい、とっても有名なフラワーエッセンスです。

恋に傷ついていたり、愛することに恐れを抱いたりと、心と閉ざしてしかった人のハートを優しく開いてくれると言われいます。

恋愛だけじゃなく、親や対人関係と言う「すべての愛」に関するエッセンスばかりをブレンドした、強力なフラワーエッセンスです。

こんな人に

★自分は愛されていないと思っている
★恋はしたいけど、どこか諦めている
★自分を変えたいけど、変えるきっかけが掴めない

★恋する喜びを思い出したい

その他、おススメのフラワーエッセンスはこちら

☆**キッズスタッフ・・・**子供時代のトラウマに

☆**ラディアントビューティー・・・**見た目に自信がなく、恋に積極的になれない人に

☆**フォーギビング・・・**親や兄弟、昔の彼を許せないという感情がある人に

☆**マスル・・・**感情を爆発させる事ができない人に

【フラワーエッセンスの使い方】

直接舌下（舌の下）に2〜4滴落としたり、飲み物に落としたりして、取り入れてください。

（※できればカフェインの入っていない飲み物がお勧めです）

アルコールが苦手な方や、直接取り入れる事に抵抗のある方は、直接体にぬったり、お風呂に数滴落としてみてもよいと思います。

【好転反応について】

眠気や微熱、だるさを感じることがあります。また、感情の起伏が激しくなり涙もろくなったり、昔を思い出したりすることもあったりします。

こうした初期反応は、適切なエッセンスを選択し、良い方向で変化しているというサインであるとも言われていますが、耐えられないと感じた時は、無理をせず、使用を控えたり回数を減らすなどして調節してください。

【生徒さんの声】

どうして参加しようと思った？

一番は、その時の恋愛がすごく辛かったから。何とか抜け出したくて受講を決意しました。

幸せになれる考え方を身につけられたら、一生ものの財産になると思って受講を決めました。

婚活をしたことが無かったので、興味本位で体験セミナーに出席。本セミナーには前日まで参加を悩んだ末、行ってみて嫌だったら辞めちゃえ！な気持ちで参加。

その時好きな人に好きになってもらうため

自信がなく、見た目を変えたり表面的な事を変える事を試していたものの、それだけでは変わらない事を実感していたため。内面とも向き合う必要を感じていた時に、ここなら出きると感じられたから。

辛いレッスンはどう向き合った？

ずっと蓋をしてた嫌な記憶と再び向き合って、今まですごく頑張ってきたんだな、と思いました。ずっと自分が嫌いだった気持ち。本当に嫌なことに避けてる自分に気づきました。

次々涌き出てくるいろんな気持ち(後悔、怒り、癒しなどなど)に対して、痛みを感じてる自分に話しかけながら。

それまでは、『ポジティブでいなくてはならない』といった、強制的に前むきにしようとする癖がありました。マイナスを考えるのが悪い、というような。自分の傷みと向き合って、自分の嫌な部分や弱い部分を知るのはキツい時もありましたが。その感情を無視して、ポジティブでいようとしていた事が、とても無理していた事にようやく気づけました。弱くても、嫌な部分があったとしても頑張っているし、そうなる時の自分の言い分も聞くように出来るようになった事で『そのままでも良い』って事が徐々に受け入れられるようになりました。

6か月のセミナーを終えて

すごく前向きになりました。落ち込んでも冷静に状況を分析できるし、復活するのも早くなりました。自分の気持ちを上手にコントロールできるようになりました。

人付き合いがラクになった。恋愛のわだかまりがだいぶ溶けて、前に進む気持ちになった。色んな場面できちんと本気で向き合う勇気が持てるようになったから、ちゃんと相手からも本気が返ってくる。あとは、良くも悪くも引寄せ力が確実にアップしてる。

全体的に冷静になれました。人の気持ちに体当たりすることもある仕事で、じぶんが真っ向から立ち向かいすぎて、『なんでよー、むきーーー』って怒ることが多かったんです。今は少しひいてなんで、こんなことになっちゃったのかなーってみれるようになりました。あと、恋愛対象が変わりました笑

自分にやさしく出来るようになったので、生きるのが楽になりました。それまで執着していた恋愛も手放す事ができました。それに伴って、新しい人との出逢いも(男女問わず)増えましたが、出会う人のタイプも以前と変わりました。変な人があまり寄ってこなくなり、良い人が周りに増えたので良かったです。

参加してよかったことは？

自分のこと好きになれたし、自分に優しくなれたことは大きい。先生、みんなと仲間になれて良かった

本当に良かったです。受ける前と後で気持ちも人間関係も大幅に変わったので、人生ってきっかけで本当に変わるんだなって実感しました。私自身の発している言葉や、考えている事も前と全然違うんですよね。先生や皆と会えて、一緒に過ごせたのは本当に楽しかったです(≧∇≦)

【終わりに】

皆さん、本当にお疲れさまでした。

執筆にあたり、「もっと軽い読み物にした方が売れるのでは？」など様々なアドバイスを頂く事もあったのですが、敢えてワークを中心に、ひたすらご自身で考え、行動して頂くレッスンに特化しました。なぜなら、それが「幸せに」「若返り」「モテまくる」考え方に「最短で」変われる方法だと思ったからです。

考え方を変えるのは、容易なことではありません。

そのために最も効果的なのは「強制的」に「繰り返し」行う事。持ち運びしやすいサイズにしていますので、常に持ち歩き、空いた時間に1ページでも目を通すクセを付けてください。ワークや課題も一度ではなく、定期的に続けてみてください。考え方が変わるにつれ、最初の回答と変わっている自分に気づくはずです。

意識的に行動をしていくことで、いつしか自分の考えとして自然と身についていくのです。

そして、生徒さんの声にもあったように「同じ悩みを共有し一緒に頑張れる仲間」が何よりも大切なのですが、多くの女性が、本当の悩みを友人にすら伝える事ができないと言います。

そこで、この本を手に取り「今度こそ幸せな恋愛をしてみたい！」と心から思った皆さんのコミュニティを作ることにしました。自分だけではワークを進めることができなかったとしても、仲間と一緒なら勇気をもって向き合えるはずです。（詳しくは帯部分をご覧ください）「Facebookをやっていない」と言う方も、これを機会にぜひ始めてみて下さい。なぜなら、居場所を変え、出会う人を変えるのに、とても有効な手段だからです。

新しい事を始める時、一番エネルギーを使うのは「始めるために踏み出す第一歩」だと言われています。皆さんは、この本を手にした瞬間から、すでにその一歩を踏み出したのです！

その勇気を無駄にすることなく、この本を手に取った全ての皆さんが「この本に出会えて良かった」と思って頂けたら、心から嬉しく思います。

よく「なぜそこまで一生懸命になれるのですか？」と聞かれる事があります。

実は、私自身も厳しい父親の影響で男性がとても苦手で、失恋ばかりしていたからです。とても引っ込み事案で、正直、学生時代の楽しい思い出もありません。

しかし、そんな私でも「親に愛されていた」と知り、「男性は優しい生き物だ」と知り、「幸せな恋愛」ができるようになり、何より40歳を超えた今が一番の「モテ期」なのです。

「もう歳だから」そんな女性の言葉を多く聞くことがありますが、私からすると、とてももったいない事だと思うのです。

なぜなら、私が占い師になったのも、この考え方を身に着けたのも、40歳代になってからだからです。

女性は幾つからでも、幾つになっても幸せになれると信じています。

皆さんがこの本を手にして下さった時から、ご縁ができたと思っています。

これを始まりとして、末永いお付き合いができれば幸いです。

占い師　天海

天海（あみ）

占い師、セミナー講師、フラワーエッセンスセラピスト
1972 年 12 月生まれ。千葉県出身。

銀行員を経て、様々な業界でトップセールスとして活躍するも、恋愛だけは上手くいかないという悩みを抱えていた時、現在の師匠である暁瑠凪先生と出逢い、人生が一転。

西洋占星術を学び活かす中で、自然と恋愛が上手くいく方法が身についていく。その後占い師に転身。恋愛で挫折した経験があるからこそできる、心に寄り添う的確なアドバイスで、たちまち人気占い師の仲間入りを果たし、占い師歴 4 年目にして、すでに 3 千人以上の鑑定を行っている。

占いを身近に感じてもらうため、自身のラジオ番組でパーソナリティを務めるなど積極的に活動する傍ら、「女は幾つからでも、幾つになっても幸せになれる」をモットーに、かつての自分のように恋愛が苦手な女性のためのセミナーを開催している。

テレビ朝日「マツコ＆有吉の怒り新党」等でも取り上げられるなど、今後の活躍が注目されている。

■占い鑑定：占い館アゥルターム新宿にて鑑定
■ブログ：http://uranai-ami.seesaa.net/
■ Facebook：https://www.facebook.com/ami358

恋の魔法使いになる方法 基礎編

2016 年 10 月 20 日　初版発行

著　者　天海
発行所　株式会社コレクションインターナショナル
〒 155-0031　東京都世田谷区北沢 1 - 22 - 20 - 106
FAX：03（5738）8865
印　刷　株式会社総合印刷新報社

ISBN978-4-9907666-6-5